●二〇一七年的三月八號國際婦女節，阿迪契的團隊前往紐約街頭與校園推廣性別平權的重要性，此系列圖片即為當時紀錄。這些標語多出自於作者的另一部小書《親愛的伊傑維萊：一部給女性主義者的十五項建議》。從這些圖片中我們可以發現，女性主義的支持者是不分年齡、性別或種族的。只要你相信性別平等，你就能成為一名女性主義者。

"A Father is as much a verb as a Mother"
"Because you are a girl" is never a reason for anything. EVER.
"Measure her on a Scale of BEING the BEST version of herself"
The BEST version
The BETTER version
Everyone will have an opinion about what you should do. BUT what matters is what you want for yourself, & not what others want you to want
The premise of chivalry is female weakness
Dear Ijeawele

"Teach her to reject LIKEABILITY
Her job is not to make herself LIKEABLE
her job is to be her FULL-SELF, a
Self that is HONEST and AWARE
Of the equal humanity of Others"
_Chimamanda Ngozi Adichie,
Dear Ijeawele

I matter.
I Matter.
EQUALLY
♀ = ♂

●鼓勵她參加運動比賽。(左)

●教她拒絕如何變得「討人喜歡」，她的目標不該是討喜，而是「成為自己」，而自我即是誠實和自覺自己是和他人平等的。(右上)

●「因為你是女生」從不該是任何事的藉口。(右)
●煮飯的知識不是女性先天的，而是「學來的」。(左上)
●教她質疑我們文化性地選擇生物學作為社會規範的原因。(左下)

"The Knowledge of
Cooking DOES NOT come
Pre-installed in a VAGINA.
Cooking IS
LEARNED"
-Chimamanda Adichie, Dear Ijeawele

Teach her to QUESTION
our culture's selective
use of biology as
"reasons"
for social norms
-Chimamanda
Ngozi Adichie,
Dear Ijeawele
#Feminism

●絕對不要將性與羞恥連結在一起。

●父親與母親一樣是個動詞。(左)

●性別角色是一派胡言。(右)

●女性幸福的基礎必須不僅僅是男性的仁慈。

●圖為苗博雅議員給讀者的一句話。

我們應該一起唱歌

楊翠（東華大學華文文學系教授）

這本小書是奇瑪曼達．恩格茲．阿迪契（Chimamanda Ngozi Adichie）以她二〇一二年在TED x Euston年會的演說內容為基底整理而成，與眾多女性主義相關書籍不同，它要談的不只是女性主義這個理念，而是「女性主義者」，更精準地說，是「我這個女性主義者」。

這是一個女性主義者如何向世界表明：「我就是一個女性主義者」的近身經驗。這個經驗本身，就是一部與父權對話的女性主義文本。每一個女性主義者的近身經驗，都是既獨特，又可以互涉的文本，這就是價值所在。

奇瑪曼達．恩格茲．阿迪契所分享的女性主義者近身經驗，展現三個特質：公開性、日常性、邀請性。公開宣說自己是女性主義者，以日常性的經驗公開宣講女性主義，邀請大家一起成為女性主義者。

長期公開宣講女性主義，這不是一件容易的事。如果要羅列出公開宣講時最不受歡迎議題的排行榜，女性主義肯定排名前列。大多數主題的宣講，會接受掌聲、讚譽，甚至崇拜，但宣講女性主義不是，相反的，會受到很多挑戰，甚至屈辱，必須有極堅強的信念、意志、抗壓力，才能長期宣講一個不受歡迎的題目。

因為，正如父權體制下「女性」長期處於被想像、談論、評價的客體，「女性主義者」更是。「女性主義者」這一個詞，長久以來被各種想像填寫、定義、附會、疊加，成為一個充塞負面意涵的詞彙，指涉一群被汙名化的女性；這種女性被賦予偏激、好辯、欲求不滿、心中充滿憎惡、支持恐怖主義、唯恐世界不亂……等形象。

「女性主義者」幾乎被定義為平衡世界的摧毀者。

但世界原本就不曾平衡。世界的「平衡」，與其說是一種假相，不如說是一種誤識，一種有意為之的誤識，一種裝睡的叫不醒的誤識。因為對「平衡」的誤識深入文化肌理，因此，女性主義者訴求世界的真正平衡，反而被定義為「平衡」的摧毀者。

作者所提到的經驗，我相信幾乎是每一個女性主義者在「成為女性主義者」歷程中的共同經驗。當你自稱「女性主義者」時，肯定曾經迎來嫌惡的眼光；當話題本來流暢進行，而一句「我是一個女性主義者，所以我認為……」，可能就讓對話走調，氣氛緊繃；或者，善意的朋友總會告誡你，不要說自己是女性主義者，那對你不好，你會被誤解，會不受歡迎。

做為台灣的性別研究者與教學者，我也不例外。一九九〇年代，我開始在公開場合演講時談及女性主義，自稱「女性主義者」，總是換來許多奇怪的眼神、提問、忠告。

最經典的提問是，可是妳看起來不像女性主義者啊，把「女性主義者」區隔於「善意我群」之外，好像這是一種對我的讚美。它的潛台詞是，有一種「真正的女性主義者」，而妳不是，妳比較好，但妳可不要繼續傾斜，長成「真正的女性主義者」喔。於是，也就會出現這樣的情況，有些人即使願意談論性別平等，也是小心翼翼，起手勢可能會是：「我首先要澄清，我不是女性主義者，我也重視性別平等，我只是認為……」

這種提問與開場，把「女性主義者」與她們最主要的價值訴求「重視性別平等」弔詭地解離；「重視性別平等」是好的，但「女性主義者」是不好的，其間當然隱含著一種潛在的深固的價值取向：「女性主義者」就是一個汙名。

這種弔詭，表面看來沒什麼，你也可以說沒關係，「女性主義者」被污名化無所謂，只要性別平等可以推動就好。但是，真實情況並非如此，將「重視性別平等」與「女性主義者」解離，就是導致女性主義與性別平等的理念無法深入社會的視野，無法進入人們的日常生活，無法成為每個人的意識與實踐的最主要原因。

因為，「女性主義者」不是在追求特殊標籤，而是要打造普世幸福國度。有更多人願意公開宣說自己是「女性主義者」，這件事才能成為我們共同的事，那個國度才能被指認為普世的國度。

所以，「我們都應該是女性主義者」，是一種理念，也是一個行動。這是這本書的核心關懷，也正是為什麼在二十一世紀，我們還需要這麼一本書的原因。我們還需要公開大聲宣揚「我們都是女性主義者」，因為，「現在已經都平等了」，是一個誤識，實際上並沒有。

確實，這個世界已經有了女性的國家領導人，但是，她們的生理女性特徵，仍然經常成為話題，人民對她的信賴與否，也總是夾纏著對她的生理性別的不信任，「我不相信穿裙子的」，這樣的評價還是說得理直氣壯。二〇一九年歲末，歐盟執行委員會終於有了首任女性主席，范德賴恩（Ursula von der Leyen），她上任一年多後，在一次與歐盟理事會主席一起會晤土耳其總統時，竟然沒有被安排座位，現場出現的畫面是，兩位男性領導人坐在現場唯有的兩張鑲金椅子上，而范德賴恩只能站在一旁，最後也僅被安排入座偏遠沙發。

女性領導人已然如此，我們的日常生活中，充斥著各種性別偏見。女性即使只是走路、吃飯、穿衣、說話、工作、戀愛、親密關係，都有無數的隱形指導原則、檢視標準，化身在生活周遭的人們眼中、口中，在我們做為女兒、妻子、母親時，在我們只是想做自己，只想做為一個人時，被檢視、忠告、否認。

這些事，總是被解讀為「小事」，女性主義者在討論這些事時，總被說是愛拿小事斤斤計較。但是，就如奇瑪曼達．恩格茲．阿迪契所說：「小事卻是最傷人」，因為，就是這些小事，與我們每日近身接觸，就是這些「小事」，構成了我們的日常生活，構成了社會集體文化，構成了這個世界的樣子。

就是這些小事，積累成了文化準則，然後，這個世界再以這個準則，複製印壓在一代代的男人女人身上。男人女人都將社會的性別期許，內化成為自我期許。這個期許體現在日常的每一件小事中，在社會關係中，在價值體系中，在美學觀點中，在一個人如何定義自己與世界的關係、自己與自己的關係中。

這些小事，就是全部。

所以，公開談論、在日常中談論、邀請別人一起談論，就是女性主義者的行動，也是她的日常。奇瑪曼達．恩格茲．阿迪契說：「性別不是一個容易談論的話題」，而這正是這本書的價值，它演示了一種公開談論性別的方法，除了指出可能遭遇的困難、責難、質疑，更重要的是，通過這個有指向性的對話文本，她告訴我們，公開談論性別的可能路徑和必要堅持。

如果女性主義者是「一個相信無論性別，在社會、政治、經濟皆生而平等的人」，那麼，女性主義者既不是一個特定標籤的族群，更不是特定國家、特定族群、特定性別、特定年齡層女性所專有。相信性別平等，願意一起在日常中實踐的女人男人，你與我，都應該是女性主義者。

排灣族女作家利格阿樂．阿𡠄，她的外婆是母系社會利格拉樂家族的大家長，七〇歲那年，她在家族會議中宣布，她談戀愛了，要再結婚了，坦然面對訕笑，她說：「每個人都有她唱歌的方法，而我的歌，還沒唱完。」

我們都應該是女性主義者，我們應該一起唱歌，實踐女性主義者的日常，而這也應該是一個普通人的日常。

我們都應該是女性主義者

晏向田（教育部國教署性別平等教育輔導團組長兼召集人）

本書篇幅小而精美，源自作者奇瑪曼達・恩格茲・阿迪契於TEDxEuston的演說，以口語化貼近人們生活經驗的方式，試圖讓普羅大眾理解女性主義存在必要性並破除對女性主義的刻板印象。譯者文字淺顯易懂且生活化，是一本非常適合幫助認識女性主義的入門隨身書。

本書內容以作者十四時首度由摯友口中知悉女性主義一詞開始，並從多年具體實踐屢次獲得他／她人的「建議」或提醒中，理解人們對「女性主義者」的負面印象似乎就是反對一切社會建構的女性形象。然而，作者由其親身經歷、肉身實踐最終說明了「女性主義者」是在挑戰結構體制中的性別不平等，不僅認同自己就是一個女性主義者，也呼籲所有人皆可當個女性主義者。

本書所有故事均是作者親身見聞，多是作者於奈及利亞或是朋友於美國之親身經歷，但讀來頗有既視感，某些部分在現今的台灣社會也多有共通或相類之處。作者以其說明生活無處不性別，並顯現出就算是淺顯的例子，在發生的當下也並非每個人都能看出顯而易見的性別不平等，因為人們習以為常而將其視而不見，而此習以為常、視而不見的情況若無人挑戰，則會更進一步鞏固了體制中的性別不平等。

如果想了解現今世界為何仍存在「玻璃天花板」或是「愈往高處走，女性愈少見」的「管漏」現象，可以看看本書作者以兩則故事輕鬆說明性別雖然存在生理上本質的差異，但此差異與工作或是領導能力無關。其一是求學時老師選班長的故事，說明了社會對於男性成為領導人是天經地義的刻板印象，而女性想成為領導人則必須經歷各種男性無須面對的考驗，如面試時「當上主管之後如何兼顧家庭照顧？」之類的問題；而停車給小費的故事則呈現縱然女性有成就或是經濟實力也是來自身旁男性的刻板印象，而此一女性生活中所普遍遭遇的困境，對男性來說，若非親身經歷可能亦無法理解。

如果想了解社會如何建構性別，可以從作者以短短一個自己進入旅館的切身故事，看到社會對於不同性別的差別待遇，社會對女性身體、氣質的不同期待或是建構，而此種社會期待或建構內化並「銘刻」在所有人的身體裡，太多人會幫忙教導如何成為一個「適格」的女性，如果有人，尤其女性膽敢挑戰而出現「女性主義者的論調」，則會遭到形同恐嚇的「勸喻」，但同樣情形發生在男性身上則不會遭到相同的對待。而此社會建構的男性氣概，不僅對男性有害，更因此對女性傷害更大，作者並期望閱聽者能質疑這些既存的社會期待或建構，試圖呈現女性主義非屬女性專利，對男性亦存在好處。

如果想了解個人如何內化「婚姻」、「情感關係」甚至「性」的社會化過程，可以看看作者如何告訴我們從言語中就能看出端倪。作者隻字片語便揭露了「婚姻」作為女性人生最終的歸宿和最重要的夢想、女性在「情感關係」中只能妥協及「性」的污名與貞操觀不僅影響女性的身體也影響著對男性的期待等的性別迷思。

「性別規定我們應當怎樣，而非認可我們就是怎樣」，作者如是說，點出所有性別問題的關鍵，即社會化的過程誇大並本質化性別的差異，忽略了個體的能力並進而造成不平等的對待。即便如此，當所有社會現象均以男性的需求或能力為標準時，作者也坦承自己曾有面對性別期許的無力感而無法輕易「做自己」，然而終究只是一時，關鍵在於改變心態與思維，「男性的凝視」即可不再左右女性。

最後，如果想了解如何破除對於女性主義的一些刻板印象與迷思，譬如人權與女性主義的關係、女性主義是否對男性不利、以及階級與文化中的性別迷思，更應該看看作者如何以簡潔的文字演示「看見性別」與「性別盲」的差異。

閱讀本文之後，應可以了解「女性主義者」不是單為女性謀福利，而是看見且企圖修正性別問題的實踐者。希望，從今以後，所有人都可如我一般大聲說出「我是女性主義者，我驕傲」。

誰是女性主義者？

苗博雅（台北市議員）

請教一個問題：在你認識的人之中，誰是女性主義者？可以稍微形容一下這個人嗎？是什麼讓你認為她／他是一位女性主義者呢？

「女性主義」一詞從歐美傳入華語世界後，多半在學院之間被講授，尚未被大眾充分了解，就已經隨著大眾傳播被過分誤解。只要稍微瀏覽社群媒體與網路論壇，普羅大眾談到「女性主義是什麼？」都會認為那不過就是一套專為女性爭取福利的話術。而談到「誰是女性主義者？」更有人會認為她們就是一群不修邊幅仇視男性不解民間疾苦的蛋頭學院派。

「女性主義」已經受到過多的超譯誤解，在學院內是小清新，到了學院外卻變成與老處女、魚乾女、剩女同等的輕蔑攻擊女性的刻板印象話語。以致於有許多名人跳出來試圖「逆轉」人們對於女性主義的誤解。除了藝文界、影視圈等傳統認為較「軟性」的領域，在政治界包括美國總統歐巴馬、加拿大總理杜魯道、法國總理馬克宏等年輕英俊又站在世界權力頂峰的男性政治人物，都紛紛宣稱「我是女性主義者」。我想，除了選票考量之外，他們必然自認是好意出來為女性主義讚聲，翻轉普羅大眾對女性主義狹隘且錯誤的認知，為女性主義的理念奮鬥。

然而，這樣的好意，卻讓女性主義的面貌變得更加模糊。如果盤據既有政治結構頂峰的男性菁英都是女性主義者，那麼，女性主義不就已經「大勝利」了嗎？主張翻轉性別權力不對等的女性主義還有存在的必要嗎？女性主義要打破既有陽剛霸權，同時又盤踞在陽剛世界權力的頂端，這又是怎麼一回事？維繫陽剛霸權運作的結構由女性主義者領導，這是女性主義的成功還是挫敗？

女性主義有定義嗎？一個名詞如果可以指涉任何事物範圍無邊無際，那這個名詞必然因過於空洞而失去意義。所以，是的，女性主義當然有定義。用最廣義的視角來看，女性主義再怎麼變化、進化，其不可或缺的核心關懷必然是「性別不平等問題」。就如同社會主義、共產主義、馬克思主義……各種變體，萬變不離其宗的就是「階級」分析視角，任何喪失了階級關懷的左翼理論（例如中國特色的社會主義實踐）就是掛羊頭賣狗肉的假左真右。而不論第一波、第二波……第N波女性主義，任何「拒絕承認性別不平等問題存在」的論述，即使冠上女性主義之名，也不過就是鞏固不平等現狀的幫凶。

而一位女性主義者，最廣義的角度而言，就是一個承認性別不平等問題存在的人。當然，這樣的定義，一定會被認為太過廣泛，同時也過於溫情。

確實，若一個人承認性別不平等問題存在，卻僅止於坐而言，不願起而行，這樣的犬儒主義對改變現狀並無幫助。而若一個人願意承認性別不平等問題存在，但他的行動卻僅止於關懷男性的痛苦並且要求女性負起更多責任，這樣的「倡議」毋寧是富家子弟不斷抱怨富裕帶來的種種痛苦挫折，並要求家裡的長工付出更多讓他過得更舒服一點。

因此，且讓我在這裡對女性主義加上一些期待：

女性主義並不是一個用於讓人自我感覺良好的認同標籤。她不是喃喃自語「我知道這不公平，但世界本就不公平，我們只能接受」的犬儒主義；也不是一個「我知道女性受到壓迫，但你看我們男性也受壓迫，所以大家扯平了」

的whataboutism（顧左右而言他），更不是「為什麼你們（女人）不來關心我（男人）的痛苦！」的己願他力夢想家。

我所秉持的女性主義基本主張，是性別不該成為限制人類自由權利的理由，所有的小女孩、小男孩們都有權利追求她／他心之所向的美好人生。用學術一點的話說，這是自由女性主義（著重機會平等）。而本書作者阿迪契所說的，和我的信念不謀而合。這也是我願意推薦願意親近女性主義的讀者閱讀本書的原因。

我傾慕基進女性主義拆解父權結構的直指核心，也佩服社會女性主義梳理性別與階級交織性的耐心。但我也深知，自由女性主義是普羅大眾親近女性主義的最佳入門磚。先見山不是山，才能見山又是山。以阿迪契的演講為開端，或許你也有機會看見不同的世界。

「什麼樣的人才算是女性主義者？」在閱讀本書之前，我建議你先寫下答案。閱讀完畢之後，再寫一次，看看你的答案是否有所不同。如果有差異，恭喜你，你對女性主義的認識又再多了一層。只要願意加入共同追尋人人更自由的世界的行列，你也可以成為女性主義者。

這本小書是我二〇一二年 TEDxEuston 演說的修訂版。TEDxEuston 是一個以非洲為焦點的年會，來自不同領域的專家在年會中發表簡要的演說，藉此激勵啟發非洲人民與非洲之友。我前幾年曾在另一個 TED 年會以〈單一故事的危險性〉(The Danger of Single Story) 為題發表演說，闡述刻板印象如何塑造、限制我們的看法，尤其是關於非洲的思維。我覺得「女性主義者」一詞及其代表的意涵，似乎也受限於刻板印象。當我哥哥卻克斯和我的好友艾克聯手主辦 TEDxEuston 年會、堅稱請我到場發言，我無法婉拒。我決定談談女性主義，因為這個議題極為貼近我心。我想這個議題八成不會太受歡迎，但我希望藉此激發必要的對話。因此，那天晚上，當我登台演說之時，我覺得自己好像在家人面前發言，面對著一群親切專注、卻也可能抗拒我所言的觀眾。演說之終，他們起立喝采，為我帶來了希望。

我們都該是女性主義者

歐克拉瑪是我小時候最要好的朋友之一。他跟我住在同一條街，像我哥哥一樣照顧我：如果我喜歡上一個男孩，我通常會問問歐克拉瑪的意見。歐克拉瑪風趣聰穎，足蹬一雙尖頭的牛仔靴。二〇〇五年十二月，一架飛機在奈及利亞南部墜落，歐克拉瑪不幸罹難。我心中的傷痛至今依然無法言喻。歐克拉瑪是個我可以跟他爭吵、笑鬧、交心的朋友。他也是頭一個稱我為女性主義者的友人。

那時我約莫十四歲。我們在他家裡起了爭執，兩人都因為從書中讀到的一些不成熟的觀點而義憤填膺。我不記得我們到底吵些什麼，但我記得我爭辯不休之時，歐克拉瑪看了我一眼，說了一句：「妳知道妳是個女性主義者吧。」

這話可不是讚美。我從他的口氣裡聽得出來——那種口氣就像有個人說：「妳是個恐怖主義的支持者。」

我不知道**女性主義**者究竟是什麼意思。而我不想讓歐克拉瑪曉得我不知道。所以我隨便帶過，繼續爭辯。我打算回家之後馬上查字典，看看這個名詞有何涵義。

*

讓我們把時間拉到多年之後。

二〇〇三年，我寫了一本名為《紫木槿》（*Purple Hibiscus*）的小說，書裡提到一個男人，這人的諸多行徑之一是對太太動粗，他的下場也不甚理想。我在奈及利亞宣傳這本小說之時，一位和藹可親的記者出於善意，說他想要給我一些建議。（諸位或許已有所聞，奈及利亞人動不動就主動提供所謂的**建議**。）

他告訴我，大家覺得我的作品是女性主義小說，他勸告我——說出這話之時，他還哀傷地搖搖頭——我絕對不該自稱是個女性主義者，因為女性主義者都是嫁不出去、因而不快樂的女人。

於是我決定自稱是個快樂的女性主義者。

後來有位奈及利亞的女性學者跟我說，女性主義不是我們的文化、有違非洲之風，我之所以自稱是個女性主義者，原因在於我受到西方書籍的影響。（這話聽來真有意思，因為我早年的閱讀絕對跟女性主義背道而馳：我肯定讀了每一本 Mills & Boon[1] 在我十六歲之

1 英國歷史悠久的出版集團，創始至今已逾百年，稱霸言情小說市場。

前出版的羅曼史小說。非但如此，每次我試圖閱讀那些被稱之「女性主義經典」的書籍，我始終感到興味索然，卻竭力想要看完。）

不管如何，既然女性主義有違非洲之風，於是我決定這就自稱是個快樂的非洲女性主義者。後來有個好友跟我說，自稱是個女性主義者表示我憎惡男人，於是我決定這就自稱是個不憎惡男人、快快樂樂的非洲女性主義者。說到後來，有一陣子我還自稱是個不憎惡男人、快快樂樂、為了自己開心而非為了取悅男人而喜歡塗口紅穿高跟鞋的非洲女性主義者。

這些當然大多都是玩笑話，但也顯示**女性主義者這**

一詞背負著多少負面的包袱：妳憎惡男人，妳憎惡胸罩，妳憎惡非洲文化，妳認為始終應由女人當家，妳不化妝，妳不刮毛，妳總是怒氣騰騰，妳沒有幽默感，妳不使用體香劑。

*

我來說個我小時候的故事。

我以前在奈及利亞東南部的大學城恩蘇卡（Nsukka）讀小學，開學之時，老師說她要幫全班考試，誰考了最高分就當班長。當班長可是一件了不起的大事。如果當上班長，你就可以天天記下哪個同學吵鬧搗蛋，這個任務本身就極有權威，非但如此，老師還給你一根藤條，你可以拿在手裡走來走去，巡視教室裡誰在搗蛋。你當然不准真的使用藤條。但對九歲大的我而言，有此機會依然令人興奮。我非常想要當上班長。而且我考了最高分。

我沒想到老師居然說班長必須是個男生。她先前忘了釐清這一點；她以為她不說大家也都知道。一個男生考了第二高分，而**他**當上了班長。

更令人玩味的是，這個男生溫和文靜，根本不想拿著藤條巡視教室，而我可是興致勃勃，一心想要這麼做。

但我是女生，他是男生，於是他當上了班長。

我永遠忘不了這件事。

如果我們一再重複某件事情，我們就會習以為常。如果我們一再眼見某件事情，我們就會習以為常。如果只有男生可以當上班長，那麼到了某個時刻，即使並不自覺，我們都會認為班長非得是個男生。如果我們一再眼見只有男性當上企業負責人，那麼我們就會開始認為只有男性應該執掌企業，將之視為天經地義。

*

我經常誤以為別人也都看得出來我覺得顯而易見的狀況。以我的好友路易斯為例，他非常聰明，思想也開明，我們會閒聊，他也會對我說：「妳說凡事對女性都具有不同的意義，也都比較難以應對，這我就不明白了。或許以前是如此，現在男女一切平等囉。」我不知道路易斯怎麼會看不出來，現況如此明顯。

我喜歡返回我的家鄉奈及利亞，返鄉之時大多待在第一大城暨金融中心拉哥斯（Lagos）。傍晚時分，當天氣不那麼炎熱、市區不那麼繁忙，有時我會跟朋友和家人出去吃飯或喝咖啡。有天傍晚，路易斯和我約了朋友們一同外出。

拉哥斯的某些場所始終可見幾個年輕人徘徊在外，他們精力充沛，而且戲劇性十足地「幫」你停車，這是拉哥斯相當常見、饒有趣味的景象。拉哥斯是個人口將近兩千萬的大都會，比倫敦更有朝氣，也比紐約更具創業風氣，所以人們想出各種花招賺錢謀生。在各個大都市裡，傍晚時分若想找個停車位，多半不太容易，所以這些年輕人做起找車位的小生意，即使你已經找到了車位，他們也做出很多動作引導你停進車位，而且承諾幫你「看管」車子、直到你回來為止。那天傍晚幫我們找到車位的年輕人更是戲劇性十足，令我相當折服，所以我們臨走之前，我決定給他小費。我打開包包，把手伸進包包裡拿錢，把錢遞給他。這個開開心心、滿懷謝意的年輕人從我手裡接下錢，然後望向路易斯說：「先生，謝謝你！」

路易斯看著我，一臉訝異，問了一句：「他為什麼謝我？我沒給他錢。」然後我看著路易斯慢慢露出理解的神情。那個年輕人認為不管我有多少錢，最終都是來自路易斯，因為路易斯是個男人。

*

男性和女性不一樣。我們各有不同的賀爾蒙、性器官、生理機能，女人可以生小孩，男人沒辦法。男性的睪固酮高於女性，體格一般而言比女性強健。在這個世界上，女性人口略多於男性人口，女性占全球人口的百分之五十二，但有權有勢、聲名顯赫的職位大多由男性執掌。已故的諾貝爾和平獎得主旺加里．馬塔伊[2]言簡意賅，說得至為貼切：「愈往高處走，女性愈少見。」

近來的美國選舉之中，我們經常聽到「莉莉．萊德貝特法案[3]」，如果我們跳脫那個押了頭韻、聽來悅耳的名稱，該法案其實傳達出一個事實：在美國，具有同樣的資格、執行同樣工作的男性和女性，男性的薪資高過女性，原因只在於他的性別。

如此說來，男性確實領導世界。千年之前，這倒是說得通，因為當時人類居住在一個身強力壯才活得下去的世界，體格比較強健的一方自然比較可能當上領袖，而男性通常比女性力氣大（這當然也有許多例外）。如今我們居住在一個截然不同的世界。比較夠格的領袖不一定非得力氣大，一個比較聰慧、比較博學、創意較佳、更懂得創新的人才是比較夠格的領袖，而這些特質跟賀爾蒙都扯不上關係。男性可能跟女性一樣聰慧、創新、饒富想像力。我們都已演進。但我們對性別的看法卻沒有太多進展。

*

不久之前，我走進奈及利亞一家高級旅館的大廳，門口的警衛把我攔下，問我一些惱人的問題，諸如我要探訪的那人尊姓大名、房號是什麼？我認不認識那人？

2 Wangari Maathai，一九四〇年出生於非洲肯亞，創立「綠帶運動」(Green Belt Movement)，畢生倡導環保，二〇〇四年榮獲諾貝爾和平獎，是第一位獲此殊榮的非洲女性，二〇一一年罹患卵巢癌辭世。

3 Lilly Ledbetter Fair Pay Act，二〇〇九年美國國會通過的一項法案，意在確保兩性同工同酬。

我可否讓他看看我的房卡、藉此證明我是旅館的客人？這是因為一位獨自走進旅館的奈及利亞女性，自然而然就被認為是個應召女郎，也是因為一位奈及利亞女性光靠自己絕不可能住得起旅館。走進同一家旅館的男人卻不會受到騷擾，因為大家認定他有些正當理由。（順帶一提，為什麼旅館不把焦點放在**誰需要性服務**、反而假惺惺地防堵**誰提供性服務**？）

在拉哥斯，我不能獨自走進許多聲譽良好的俱樂部和酒吧。如果單單只有妳一人，他們就不准妳入內。妳必須有個男伴。因此，我有些男性朋友來到了俱樂部，結果跟一個陌生人手挽著手一起走進去，因為那位素未謀面、獨自外出的女子別無選擇，非得「求助」於他們才可以入內。

每次我跟一位男士走進奈及利亞的一家餐廳，侍者們總是跟我的男伴打招呼，對我卻是視而不見。他們是社會的產物，而這個社會教導他們男性比女性重要，我知道他們沒有惡意，但理智是一回事，感受又是另一回事。每次他們忽視我，我就感覺不被重視。我生氣。我想要告訴他們，我跟我的男伴一樣是個人、一樣值得被瞧見。這些都是小事，而有些時候，小事卻最為傷人。

不久之前，我寫了一篇文章，陳述身為一位年輕女性在拉哥斯有何感受。一位點頭之交跟我說，那篇文章感覺很憤怒、我不應該寫得如此怒氣騰騰。但我覺得無需辯解。那篇文章當然很憤怒。在當今的社會中，性別極不平等。我生氣。我們都應該生氣。長久以來，怒氣始終引致正面變革。不過我依然心懷希望，因為我打心底裡相信人們會重新改造自己，讓自己變得更好。

但讓我們再回到所謂的憤怒。我聽得出那位點頭之交的口氣之中帶著一絲警告，我知道她的評語不單是針對我的文章，而是多半針對我的人品。那種口氣的意思是，憤怒對女性尤其不好。如果妳是個女人，妳就不該表達妳的憤怒，因為這樣讓人覺得受到威脅。我有個朋友，她是個美國人，剛從一位男性主管手中接下他的職位。該名男性主管被視為是個精明強悍的經理人，他直截了當，野心勃勃，尤其重視員工們的工作時數表。我這個朋友接下新工作，她設想自己同樣強悍，但說不定比前任主管親和一點——她說他經常並未意識到人們都有家小，而她不會忽略。就在新職上任不到幾星期，她懲戒一位虛報工作時數的員工，前任主管也會這麼做，可是這位員工居然跟高層主管抱怨她的管理風格，聲稱她咄咄逼人、很難共事。其他員工也贊同。其中一人說大家原本寄望她在她的工作中加入一絲「女性風格」，她卻根本沒有。

他們全都沒有想到，她正做著同樣一件曾為男性經理人贏得讚賞的事情。

我另一個朋友也是個美國人，她任職廣告界，收入相當高。她的小組有兩位女性，她是其中之一。有次她說她覺得開會的時候受到老闆輕視，老闆忽視她的意見，不過當男同事提出類似的看法，老闆卻表示稱許。她想要大膽發言，質疑她的老闆。但她沒有。會議結束之後，她反而走到洗手間哭泣，然後打電話跟我訴苦。她不願大膽發言，因為她不想顯得咄咄逼人。她讓她的嫌惡在心中悶燒。

讓我訝異的是，她和我其他許多美國女性朋友都非常在乎「受到喜愛」：她們自小受教，堅信自己必須討人喜歡，而所謂的「討人喜歡」是個相當明確的特質。流露怒氣、咄咄逼人、或是高聲提出異議，都不包括在特質之中。

我們花太多時間教導女孩擔憂男孩如何看待她們。反之卻並非如此。我們可沒有教導男孩在乎自己是否討人喜歡。我們花太多時間告訴女孩不可以生氣、不可以咄咄逼人、不可以太過強悍，但這還不打緊，更糟的是，我們一轉頭卻基於相同的原因稱讚男性、或是原諒男性。世上有太多報刊書籍告訴女性做什麼、怎麼做、別怎麼做，好讓她們取悅男性、吸引男性。至於男性如何取悅女性，這方面的指南卻是相形稀少。

我在拉哥斯開授寫作班，其中一個學員是位年輕女子，她告訴我，有個朋友叫她不要聽我這番「女性主義者的論調」，不然她會聽進一些毀了她婚姻的想法。毀了婚姻、說不定甚至嫁不出去，這些都形同恐嚇，而在我們的社會中，這些恐嚇多半針對女性，而非男性。

性別在世界各地都至關緊要。今天我敦請大家想望一個不同的世界，這就為了一個比較公平、男性女性都比較快樂、比較願意真誠面對自我的世界做出打算。讓我們由此做起：我們必須採用不同的方式養育女兒。我們也必須採用不同的方式養育兒子。

*

我們養育男孩的方式對他們造成相當的傷害。我們對男子氣概的界定非常狹隘。男子氣概因而成了一個牢不可破的狹小牢籠，而我們把男孩禁閉其中。

我們教導男孩畏懼憂慮、怯懦、脆弱。我們教導他們隱藏真實的自我，因為他們必須是個奈及利亞人所稱的**硬漢**。

中學時代，男孩和女孩出去約會，兩人都是阮囊羞澀的少年，但男孩始終就該出錢，藉此證明他的男子氣概（而我們還納悶男孩為什麼比較會從爸媽那裡偷錢）。

如果在成長的過程中，男孩和女孩都被教導別把男子氣概和金錢畫上等號呢？如果他們的心態不是「男孩就該出錢」，而是「誰手頭比較寬裕就該出錢」呢？長久以來，男性處於優勢，因此當今比較富裕的當然大多是男性。不過如果我們這就採用不同的方式養育子女，那麼五十年、一百年之後，男孩將再也不必承受壓力，被迫以財物來證明自己的男子氣概。

然而直至目前為止，我們教導男孩必須是個硬漢，促使他們的自尊變得非常脆弱，這是我們對他們最嚴重的傷害。男孩愈覺得自己必須是個硬漢，自尊愈是脆弱。

但我們對女孩造成的傷害更大，因為我們自小就教導她們迎合男性脆弱的自尊。

我們教導女孩削弱自己、讓自己變得更微小。

我們跟女孩說：「妳們可以心懷抱負，但不要太過頭。妳們應當追求成功，但不要太出色，不然會威脅到男性。在你倆的關係中，如果養家糊口的是妳，妳最好假裝並非如此，尤其是在公眾場合，不然妳會讓他覺得失去男子氣概。」

可是如果我們質疑這樣的前提呢？為什麼女性的成功會威脅到男性？emasculate，使喪失男子氣概——我想沒有一個英文字比這字更讓我嫌惡——如果我們乾脆捨棄這字呢？

有次一個奈及利亞朋友問我，我是否擔心自己會讓男人害怕。

我一點都不擔心——我甚至沒想過我必須擔心，因為一個覺得我會讓他害怕的男人，正是我不會感興趣的那一型。

儘管如此，這話依然令我震懾。因為我是女性，所以我就該渴望婚姻。我應當把婚姻視為首要，做出種種人生抉擇之時，我絕對不可忘了這一點。婚姻可能是美事一樁，為我們帶來歡欣與愛意，讓我們相互扶持。不過我們為什麼只教導女孩渴望婚姻，卻沒有教導男孩同樣如此？

我認識一位奈及利亞女子，她決定賣掉她的房子，因為她不想嚇跑一個說不定想要娶她的男人。

我認識一個未婚的奈及利亞女子，參加研討會之時，她始終戴上一只婚戒，因為她希望她的同僚們，根據她的說法——「尊敬她」。

戴上婚戒，她似乎自然而然得到人們敬重，沒戴婚戒，她似乎輕易地被人打發，實在非常可悲，而這還是在當今的職場。

我認識一些年輕的女性，她們的家人、朋友、甚至公司都逼著她們結婚，壓力是如此強大，她們甚至被迫選擇糟透了的對象。

我們的社會殷殷教誨，一個女人若到某個年紀依然未婚，這可是她人生的一大敗筆。然而一個男人若到某個年紀依然單身，他只是還沒找到合適的對象。

「但女性可以抗拒這一切。」這話說來容易，事實卻複雜多了。我們都是社會人，也已內化了社會化過程中的種種想法。

就連我們使用的語言也顯示了這一點。提及婚姻之時，我們的措辭多半涉及支配與擁有，而不是伴侶與夥伴。

我們認為女性應該對男性表示**尊重**，至於男性應該如何看待女性，「尊重」一詞卻是不太常用。

男性和女性都會說：「我為了婚姻和睦才這麼做。」

當男人這麼說，他們說的通常是他們原本就不該做的事。他們會佯裝惱火，開心地跟他們的朋友感嘆，最終仍然證明了他們的男子氣概——「哎喲，我老婆說我不能每晚都去夜店，所以這會兒啊，為了婚姻和睦，我只有週末才去。」

當女人說「我為了婚姻和睦才這麼做」，她們說的通常是她們放棄了工作、事業、夢想。

我們教誨女性，在情感關係中，女性比較傾向於做出妥協。

在我們的教養下，女孩把視彼此為勁敵，可是她們爭取的不是工作或成就——依我所見，這樣的競爭未嘗不好——而是男性的注意。

我們告誡女孩，叮囑她們不可以像男孩們一樣談性說愛。如果我們有兒子，我們不介意瞧瞧他們女友。但女兒的男友？萬萬不可！（不過時候到了，我們當然指望她們帶個理想的對象回家。）

我們控管女孩。我們誇獎女孩是個處女，卻不稱許男孩是個處男。（我不知道這樣怎麼說得通：失去童貞這事豈非涉及男女雙方？）

最近有個年輕女孩在奈及利亞的一所大學遭到輪姦，許多奈及利亞的年輕人做出這樣的評論：「沒錯，性侵確實不對，但一個女生幹嘛跟四個男生同處一室？」而且男女雙方都說出這話。

讓我們暫且忽略這樣的評論多麼缺乏人性。這些奈及利亞人從小受教，認定女性本來就是有罪。他們自小接受的教育也讓他們對男性的期望甚低，致使他們倒也可以接受男性野蠻而缺乏自制。

我們告誡女孩要有羞恥心。**夾緊妳的雙腿。衣著別太暴露**。我們讓她們覺得，身為女性就已經是個罪惡。因此，女孩長成了一個不能坦承自己也有慾求的女人。她們讓自己噤聲不語。她們不能直陳自己的想法。她們把虛偽矯飾變成了一門藝術。

我認識一位女子，她討厭做家事，但她假裝喜歡，因為她自小接受的教育告訴她，她必須表現得像是一個奈及利亞人所謂的**居家女子**，才會被視為「好太太的料」。後來她結了婚，她的婆家沒多久就抱怨她變了。其實她沒變。她只是厭倦繼續假裝不是自己。

性別規定我們**應當怎樣**，而非認可我們**就是怎樣**，這也正是問題所在。請你想想，如果我們無需背負性別期望的重擔，我們會多麼快樂、多麼坦然地面對真實的自我。

*

無庸置疑地，男孩和女孩的生理結構的確不同，而社會化的過程誇大了這些差異，促成所謂的自我應驗。以烹飪為例。當今的社會裡，女性通常比男性做比較多家事，比方說烹飪、打掃等等。但為什麼呢？因為女性生來就有烹飪的基因？或是因為女性經年累月接受社會化，已將烹飪視為自己的職責之一？我原本想說女性生來就有烹飪的基因，但我又想到世上知名的廚子，那些頂著光鮮頭銜的「主廚」，大半都是男性。

我的外婆非常聰明，我曾看著她，心中暗想，如果她年輕的時候跟男性一樣有機會，她這輩子不曉得會如何。這一代的女性比我外婆那一代的機會多得多，這是因為政策和法律的變革，重要性不在話下。

不過更重要的是我們的思維、我們的心態。

養育子女之時，如果我們專注於能力、而非性別呢？如果我們專注於興趣、而非性別呢？

*

我認識一家人，家中一兒一女，年齡相差一歲，兩人在學校裡的表現都很傑出。當男孩餓了，爸媽就跟女孩說：「去幫妳弟弟煮一碗麵。」女孩不喜歡煮麵，可是她是女孩，所以她不煮不行。如果爸媽從一開始就教姐弟倆人煮麵呢？順帶一提，對男孩而言，烹飪也是一項有用而實際的生活技能。有沒有辦法餵飽自己相當要緊，我實在想不通為什麼要把這件大事交付到其他人手裡。

我認識一個女人，她的學歷和工作跟她先生都一樣。當他們下班回家，大部分家事都由她負責，大部分的婚姻關係都是如此，然而令我訝異的是，每次他幫小寶寶換尿布，她都跟他說聲謝謝。如果她把這事視為天經地義，他本來就應該照顧他的小孩呢？

*

我試著拋開許多成長過程之中被我內化的性別課題。但面對性別期許之時，有時我依然感到無力。

頭一次在研究所教寫作之時，我有點擔心。我擔心的不是教材，因為我準備周詳，而且我教的是我非常喜歡的課題。我反倒擔心該穿什麼。我想讓大家把我當一回事。

因為我是女性，我自然而然必須**證明**我的價值，這點我相當清楚。我擔心如果我看起來太女性化，大家就不把我當一回事。我真想塗上我的亮光唇膏、穿上我的秀氣衣裙，但我決定不要這麼做，而是穿上一套非常嚴肅、非常陽剛、非常醜陋的套裝。

可悲的是，當我們論及衣著外觀，我們的出發點始終是男性將之視為衡量的標準與常態。我們很多人都認為女人穿得愈不秀氣，愈會被大家當一回事。開會談生意之時，男性不必擔心因為他的穿著而不受重視，但女性卻必須在乎。

我但願自己那天沒有穿上那套醜陋的套裝。當年我若像現在一樣有自信，我的學生們肯定受益更多。因為我會比較自在、比較充實、比較像我自己。

我做出抉擇，從此再也不因自己的嬌柔致歉。我每一個嬌柔的面向都應該受到尊重，因為我值得。我喜歡政治，愛好歷史，最開心的時刻莫過於為了觀點痛快爭辯。我女孩子氣。我開開心心地女孩子氣。我喜歡穿高跟鞋，試用各色唇彩。受到男性和女性的讚美，感覺都很不錯（但我必須老實說，時尚女子的讚美更讓我開心），即使男士們經常不怎麼欣賞、或是「搞不懂」我的衣著。我穿上這些衣物，因為我自己喜歡、穿在身上感覺很好。所謂「男性凝視」，也就是那個所謂左右我做出人生種種抉擇的目光，多半只是附帶而來。

*

性別不是一個容易談論的話題。說了讓人不自在，有時甚至惹人生氣。男性女性都抗拒談論性別，或是很快就不再考慮性別問題，因為想到改變現況總是令人不安。

有些人問說：「為什麼用了『女性主義者』一詞？何不只說妳信奉人權、或是諸如此類的措辭？」因為這麼說不誠實。女性主義當然也是人權的一部分，可是「人權」一詞相當籠統，用了這詞來表達，無異否決性別特有的問題。這種措辭等於是假裝數百年來、女性並未受到排擠。這麼措辭也否定了性別問題聚焦於女性，但性別問題並非針對一般人，而是身為女性所必須面對的特殊難題。自古以來，世界把人類分成兩個團體，進而排擠、壓迫其中之一。若說解決問題之時，我們應該坦承這一點，倒也不失公允。

有些男性覺得女性主義很嚇人，我認為這是因為他們心中有股不安全感，這股安全感源自他們自小接受的教育，他們認為男性「理所當然」就該主導，若非如此，他們就覺得自己沒有價值。

*

其他男性或許做出這樣的反應：「嗯，這話很有意思，但我可不那麼想。我甚至沒有想到性別。」

或許沒有吧。

而問題多多少少就出在這裡。許多男性沒有主動**想到**、或是注意到性別。許多男性跟我的朋友路易斯一樣認為以前或許很糟，不過現在一切都好。許多男性袖手旁觀，沒有出力改變現況。這些或許都是問題所在。如果你是男性，你走進一家餐廳，侍者只跟你打招呼，你有沒有想到問一問侍者：「為什麼你沒有跟她打招呼？」男性在這些望似微不足道的場合都必須發聲。

因為討論性別令人感到不自在，所以人們用些簡單的方法終止這個對話。

有些人會祭出演化生物學和人猿，諸如母猩猩對公猩猩低頭等等。然而重點是：我們不是人猿。況且人猿住在樹上，以蚯蚓為食。我們不是。

有些人會說：「嗯，貧窮的男性也不好受。」這話也沒錯。

不過這些都不是對話的重點。性別和階級不一樣。貧窮的男性依然享有身為男性的特權，即使他們並非有幸是個富人。在與黑人男性的對話中，我學到了許多關於系統性壓迫的問題，也察覺到我們可能無視彼此的問題。有次我談起性別，一位男士對我說：「妳為什麼非得從**女人**的觀點出發？為什麼不從**人**的觀點出發？」這樣的問題等於是制止大家陳述特殊的經驗。我當然也身而為人，但我在世上遭遇到的一些特殊狀況，的確是因為我是女性。順帶一提，這位男士經常以黑人男性的觀點講述他的經驗。（我說不定應該回他一句：「你為什麼不從**男人**、或是**人**的觀點出發？為什麼非得以**黑人男性**的身分發聲？」）

但這個對話的確攸關性別。有些人會說：「哎呀，女性的屁股力量才實在呢。」（這是奈及利亞的一種表達方式，意思是女人利用她的肉體從男人身上牟利。）可是屁股力量根本不是力量，因為利用屁股力量的女性其實毫無影響力；她只是透過一個不錯的途徑汲取另一人的權勢。如果今天那個男人心情不佳、身體不適、或是一時不舉怎麼辦？

有些人說，女性之所以服從男性，原因在於這就是我們的文化。但文化不斷在改變。我有一對芳齡十五、嬌美動人的孿生姪女，若是出生在一百年前，她們肯定會被帶出去格殺，因為一百年前，伊博族文化將雙胞胎視為凶兆。對現代的伊博族而言，這種的習俗簡直是匪夷所思。

文化的意義何在？最終而言，文化的功用在於確保一個民族永續長存。在我們家，我是那個對於我們的身分認同、我們的祖居地、我們的家族傳統最感興趣的小孩。我的哥哥弟弟都不像我一樣感興趣。然而我卻不能參與家族事務，因為伊博族文化首重男性，只有男性家族成員才可以參加決定重大家族事務的會議。因此，儘管我對這些事情最感興趣，我依然不能參加會議。我沒有發言權。因為我是女性。

文化並未塑造人類，而是人類塑造文化。倘若將女性視為完整的個體並非我們的文化，那麼我們可以、也必須力求改變。

*

我經常想到我的朋友歐克拉瑪。願他和那些在索索利索（Sosoliso）空難中喪生的人們永誌安息。我們這些鍾愛他的朋友將會永遠緬懷他。多年前的那一天，當他稱我為女性主義者，他說得沒錯。我的確是個女性主義者。

而多年前的那一天、當我回家查字典，字典上說：**女性主義者：一個相信無論性別，在社會、政治、經濟上皆生而平等的人。**

我從我聽到的故事中得知，我的曾祖母是個女性主義者。她從那個她不想嫁的男人家裡逃出來，嫁給那個她自己選擇的男人。每當她覺得因為自己是個女人而被剝奪了土地、不准使用土地，她就抗拒、示威、大聲疾呼。她不知道什麼叫做女性主義者。但這並不表示她不是一個女性主義者。我們應該有更多人重新認識這個名詞。我弟弟肯恩是我所知最棒的女性主義者，而他也是一個和善、英挺、極具男子氣概的年輕男子。我自己心目中的女性主義者是一個說出下列這番話的男性或是女性：「沒錯，當今確實存有性別問題，我們必須予以修正，也必須做得更好。」